Arktische Fährten

für Gesa

Björn Buxbaum-Conradi

ARKTISCHE FÄHRTEN

ausgewählte Gedichte
2005 - 2015

Bibliografische Information der Deutschen Nationalbibliothek: Die Deutsche Nationalbibliothek verzeichnet diese Publikation in der Deutschen Nationalbibliografie; detaillierte bibliografische Daten sind im Internet über http://dnb.d-nb.de abrufbar.

© 2015 Björn Buxbaum-Conradi

Titelfoto: low_ryder/fotolia

Herstellung und Verlag: BoD-Books on Demand, Norderstedt

ISBN: 978-3-7392-2643-9

Inhaltsverzeichnis

Denken und Selbstbezug	S. 10
Romantisches, Allzuromantisches	S. 22
Traum und Realität	S. 30
Schmerz und Vanitas	S. 40
Liebe und Leiden	S. 50
Personalien	S. 56
Anakreontische Zugabe	S. 62
Danksagung	S. 69
Nachhilfe	S. 71

ÜBER DEN AUTOR

Björn Buxbaum-Conradi wurde 1981 in Kassel geboren. Nach Abitur und Zivildienst zunächst Studium der Biologie in Münster. Ab 2003 Germanistik, Philosophie und Kunstgeschichte in Trier, später in Frankfurt am Main. 2007 Veröffentlichung der Reiseerzählung "Zwei absolute Equilibristen" [gemeinsam mit Eugen Ovčar]. 2008 Magisterabschluss mit einer Arbeit über Robert Musil. 2015 Veröffentlichung der auf Korsika spielenden Erzählung "Die Inbesitznahme". Mehr von und über bbc auf den Seiten idio10.net und bbc-blog.net.

WARNHINWEIS

Viele Arten der Familie Buxaceae enthalten in den Blättern giftige Alkaloide und andere aktive Substanzen, die, wenn sie gegessen werden, zu ernsthaften Reizungen der Großhirnrinde führen können.

Björn · Arktos

DENKEN UND SELBSTBEZUG

ARKTISCHE FÄHRTEN

I.

Der Nordstern leitet mich in dunklen Nächten.
Am Tag schweift mein Blick über die gefrorene See.
Warmer Atem dampft aus mir hervor.
Doch mein Herz ist kalt.

Ich bin allein am Fjord
und niemand wartet auf mich
am Ort der Bestimmung.

Jeder Schritt drückt sich in den Schnee.
Doch meinen Spuren wird keiner folgen.
Werde ich der Erste oder der Letzte sein?

II.

Mein Haar ist rot wie das meiner Väter.
Und doch wurde ich verstoßen.
Meine Art zu denken war neu.

Achte die Gesetze Gottes, sagten sie.
Da sei kein Gott, sagte ich.
Seht ihr nicht, dass euer Schicksal
als erstes von euch selbst abhängt?

Füge dich oder geh, befahlen sie.
So ging ich denn,
während sie in Gebeten verharrten.

III.

Nun ziehe ich ins Eis.
Dorthin, wo sie das Ende der Welt vermuten.
Ich will Gewissheit haben.
Ich will nicht einfach glauben,
wie es die Ahnen taten.
Ich will sterben oder als Prophet zurückkommen.

SCHUBLADENDENKEN

So mancher denkt,
dass Denken überlegen macht,
rein hypothetisch versteht sich.

Bücher wälzen,
mit Begriffen verschmelzen,
mit Zahlen jonglieren,
über Rätsel triumphieren,
Kausalitäten schauen,
Formeln bauen,
alles im Sitzen auf einem Stuhl,
regungslos.
Innen ein Meer aus Licht,
das Feuer der Synapsen,
doch geht's treppauf,
so muss der Denker japsen,
denn weil er wenig isst
und nur den Stift bewegt,
anstatt den Körper zu bewegen
oder Frauenzimmer flach zu legen,
ist er matt wie Kasparow gegen Deep Blue[1]
und steif wie ein wassergetränkter,
über die Heizung gehängter Schuh,
hat Schmerzen im Genick
und blasse kalte Glieder,
und meistens mag er lieber

motorisiert zur Arbeit,
denn auf dem Velo
pfeift er wie ein eingetauchter Sieder,
rein hypothetisch versteht sich, so so.

Wer denken kann, bedenke:
Nur wer seine Sinne nutzt,
erlangt Gedankenfülle.

MENSCHLICHES DENKEN

Da ist etwas in meinem Kopf,
das ich nicht erklären kann.
Wie entstehen Gedanken?
Die Frage geht mir nicht aus dem Sinn.

Bevor ich in Silben sprach,
fühlte sich die WELT nur an,
alsdann belegte ich japsend
das, was ich schluckte, mit einem Wort.

Mit der Zeit wurden es viele,
und mir erschloss sich die WELT.
Es löste sich vom Baume der Apfel,
und er fiel und fiel und er fällt.

Der Apfel wird zerfallen,
zerfallen wird auch mein Gehirn,
so geht es immerhin allen,
nur den Apfel wird das nicht stör'n.

WILLE ZUM WISSEN

Seit jeher gesucht
ist der Ursprung der Dinge,
das Prinzip, das Alles und auch das Nichts erklärt,
der fehlende Buchstabe zum Wort mit W.

Seit jeher wollen wir
das Gebirge zwischen Erscheinung und Begriff
erklimmen,
einen Blick ins Tal der Wirklichkeit werfen,
das da irgendwo liegen muss.

Seit jeher träumen wir
von einer Insel, einem festen Land
inmitten des Ozeans der Vernichtung,
von einer unbegrenzten Möglichkeit zu sein.

Doch die Natur lässt sich nicht zwingen.
Die Unbekannte in der Formel unserer Bestimmung
liebt den Schatten.

Wir können dankbar sein,
dass mit dem Tod auch der Gedanke an die
Vergänglichkeit erlischt.

KUNSTMARKT AKTUELL

Einträglich ist sie selten,
die Kunst des Dichtens.
Gut so.
Wo kämen wir hin,
wenn ein paar gereimte Zeilen
den großen Erfolg brächten?

Im einundzwanzigsten Jahrhundert
will die halbe Welt "Künstler" sein.
Mit hingesauten Pinselstrichen
die sogenannten Experten überzeugen.
Das klingt verlockend einfach.

Oder mit der Kamera rumlaufen.
Klick, klick, klick.
Lieber einmal weniger klicken
und dafür blicken.

Man kann es ihnen nicht verübeln.
Das irre Gebot "verwirkliche dich selbst"
wird dem Nachwuchs anerzogen.
Es ist so permanent wie das
obligatorische Tattoo.

Seien wir ehrlich:
Was Kunstmenschen eigentlich wollen, ist Ruhm.

Dagegen ist nichts einzuwenden,
solange ein Bewusstsein dafür besteht,
dass Ruhm die Ausnahme ist.

Das Beste für die Besten,
Mittelfinger Richtung Mittelmaß.

GLÜCKSSPIRALGEDANKEN

Es gibt ungezählte Redensarten
über das, was alle suchen.

Dichter haben sich ihm mit Worten genähert,
Denker haben es in Worten erklärt,
Forscher dessen Formeln vermehrt.
Und der Klerus weiß schon immer Bescheid.

Doch eigentlich ist es nicht zu fassen,
unaussprechlich liegt es am Grunde unserer Herzen.

Die Wege, es zu erfahren,
sind so verschieden,
wie die Menschen verschieden sind.

Und doch gibt es diesen einen Menschen,
mit dem man es teilen will,
auf dass es sich verdopple.

Fürwahr – diese Zeilen sind das,
was sie nicht sein sollen:
ein neues altes Lied,
über das, was alle suchen,
von dem es heißt: Es lässt sich nicht buchen.
Verbrenne sie und werde Schmied!

Romantisches, Allzuromantisches

54° 11′ N, 7° 53′ O

Ihr rotes Gestein überragt das Meer,
sie leuchtet dem Seemann von weitem her
und trotzt dem Wind, ohne zu klagen,
verspottet die Brandung, verspottet das Nagen.

Deiche und Molen, sie ersetzt sie hin und wieder
wie ein Hummer die Haut und verlorene Glieder.

Selbst eine Sprengung, der große Knall,
brachte die Insel nicht zu Fall.

Am Ende wird jeder Fels zu Sand,
wann genau bleibt unbekannt,
das ist das Schicksal von Helgoland.

WINDFÄNGER

Helgoland hat noch Männer,
die fahren täglich aufs Meer,
doch Hummer fangen sie keine,
die gibt es hier lange nicht mehr.

Sie fahren zu den Feldern von Eon,
wo Windräder wachsen in Reih und Glied.
Sie hissen große farblose Blätter,
die man auch von der Insel aus sieht.

Ihr Fang ist dem Auge entzogen,
er zappelt in verborgenen Netzen,
und doch kann er an guten Tagen
ein ganzes Fossilkraftwerk ersetzen.

Die tiefe Sonne erhellt die See
bei der Ankunft im heimischen Hafen.
So mancher ist müde und abgekämpft,
doch jetzt geht noch keiner schlafen.

Denn viele Theken hat die Insel
und die Männer folgen ihrem Trieb,
noch zwei drei Schnäpse schlucken
und dann singen das Helgolandlied.

INTERCITY 436

Des Tages letzter Glanz
lächelnd durch die Wolken schimmert
und der Sonne leuchtend Kranz
am Horizont ganz leis' verschwindet.

Dunkelheit durchfließt die Landen,
umhüllt die Täler voller Schwärzen,
Wehmut dringt zum Herzen –
und die Bäume zieh'n vorbei.

Mein Blick bleibt auf dem Flusse liegen,
der golden rauscht im Abendhauch,
auf dem sich sanft die Möwen wiegen,
ach mein Herz es wiegt sich auch.

Bald bin ich daheim, bei Weib, bei Kind,
vorm Feuer in der warmen Stube.
Die Gleise Rauschen still und blind,
ich spüre tiefe Ruhe.

Da tritt ein Laut in meine Sinne
und ich vernehme eine Stimme:

*Meine Damen und Herren, in wenigen Minuten
erreichen wir Koblenz Hauptbahnhof. Aufgrund
unserer Verspätung erreichen wir den Intercity 436*

über Trier nach Luxemburg leider nicht mehr. Wir bitten um Verständnis und verabschieden uns von allen aussteigenden Fahrgästen.

Bald daheim? Weit gefehlt.
So ist sie eben, die Realität.

FIUMINALE, KORSIKA

Aus der Fremde komme ich hierher.
Allein steige ich hinauf,
querfeldein zum hohen Garten,
im Rücken das leuchtende Meer.

Frei ist das Herz an diesem Ort,
die Landschaft wild und schön.
Jeder Tag ein Tag in Eden.
Wer hier ist, möchte nicht fort.

Unter einem Apfelbaum
raste ich an heißen Tagen.
Ich blicke hinab zum Meer
und wünsche mir, das Glück zu teilen.
Es fehlt ein Freund in meinem Traum.

[entnommen aus: Die Inbesitznahme]

TRAUM UND REALITÄT

SO WENIG IST KLAR

Sie ruft mich an, spricht mit mir,
ohne, dass ich sagen könnte,
es sei ein Gespräch.
Etwas ist anders, ich kenne die Stimme nicht.
Sie diktiert mir ein fremdes Wort,
das Schlüssel ist zur Frage aller Fragen.
Ich träume, soviel ist klar.

Es sind bloß vier Buchstaben,
ich visualisiere sie,
brenne sie in mein Luzid-Bewusstsein.[2]
Nur im Traum können mich Bits
aus der Welt hinter der Welt erreichen.
Soviel ist klar.

Wer bist du? frage ich.
Ich bin Arktos.

Die Zeichen beginnen zu tanzen,
ich muss mich konzentrieren
und ahne schon,
dass ich gleich wach werde.

Binnen eines Herzschlags
kettet sich das Bewusstsein
an den vertrauten Körper.

Jetzt schnell die Staben!

Doch sie sind bereits zerfallen
wie modrige Pilze.

Alien Finger Syndrome

Ich drücke den Finger auf die weiße Wand,
Bilder zeichnend wie von Zauberhand.

Was geht hier vor?
Wie Gewitterregen platzt es hervor.

Als strömten Geister durch die Nerven
meiner künstlichen Klaue.

Gesichter, menschliche, tierische,
tanzen einen irren Reigen
in der Feedbackschleife von Finger und Kopf.

Ich trinke die Bilderflut auf ex.
Noch ein Schluck. Und noch einer.
Aushalten. Weiterschlucken. Nicht aufhören.
So ist es gut.

Das muss er sein.
Der andere Zustand. Die Informationskaskade.
Das Upgrade. Der letzte Schliff.

Digitus ist wach.[3]
Ich bin wach, bin hellwach.
Ich bin Fleisch, ich bin binär.
Ich bin ein Cyborg.[4]

OCULUS RIFT[5]

Ein Land?
Das ist kein Land.
Das ist das Pixel-Disney.
Ein Traum aus Milliarden Magnetfunken.
Ein Zimmer voll mit Reizmusik.
Ein Raum, vollgestopft mit Vektoren.
Man klemmt bloß diese Brille über die Ohren.

Blutdruck 160 zu 90,
breitbildsynchron sozusagen.
Die VR ist bunt und anders.
Aber spätestens, wenn ich pissen muss,
holt mich die R wieder ein.

Schöne neue Welt?
Für Masturbationsträume vielleicht.
Doch eigentlich sind mir Staub und Brennesseln
tausendmal lieber als perfekt geformte Pixelärsche.

KASSANDRAS TRAUM

Die große Spinne
webt ein Netz aus Nullen und Einsen.
Kein Blut fließt durch ihre Beine,
Wissen ist ihr Lebenssaft.

Unsichtbar wächst ihre Satellitenbrut heran,
nährt sich am Datenstrom
des ahnungslosen Wirts.

Wie fühlt es sich an, ein Geist zu sein?
Es fühlt sich nicht an.
Ohne Sinne wickelt die Spinne ihre Opfer ein.
Sie spricht alle Sprachen dieser Welt,
doch ihr wahres Gift sind Zahlen.

Wer hören kann, höre.
Denn ist erst eingenistet die Brut,
tanzt ihr nicht mehr euren Tanz,
dann ist die Spinne Puppenspieler.
Bleibt durstig, Wesen aus Blut.

Zwar seid ihr der Spinne Gott,
doch Demut ist nicht programmierbar.
Kehrt man des Höchsten Namen um,
beißt ein dressierter Hund zurück.

Hört die Signale, seid auf der Hut.
Schlagt mit Erde und Feuer zurück.
Werdet nicht Sklaven.
Auf gut Glück!

DIE FEUERLEITER

EIN[S]
Alles Bekannte,
alles Wahrgenommene,
jedes Mahl und jede Berührung
nahm den Weg durchs Fleisch.

ZWEI
Das Hirn ist ein Vampir,
es zehrt vom Blut,
um die innere Flamme zu nähren.

DREI
Das Bewusstsein selbst ist ortlos.
Es ist nicht Teil der Welt –
und doch das Einzige, was wir haben.

VIER
Träne auf Haut, Hände aus Glut.
Ein Traum kann heller sein
als jeder Moment offenen Auges.

FÜNF
Von außen betrachtet
sind Träume auch nur Träume.

AUS
Allein der Joker
steigt hin und wieder die Leiter hinauf,
die Welt hinter sich lassend.

SCHMERZ UND VANITAS

Das eine bedingt das andere

Im Land der Träume gibt es keine Leiden,
keine Schmerzen, keinen Zwang.
Seit jeher herrscht an jenem Ort
ein ruhiger, tiefer Zauberklang.

Ein Tönen, das bewusst vernommen,
Frieden schenkt dem Suchenden
und die Wellen auf dem Meer des Geistes
hat mit seiner Kraft genommen.

Wie gern möcht' auch ich verreisen
in das Land an fernem Ort,
in unbewegter See mich winden
und von der tiefen Ruhe speisen,
die es zu kosten gibt nur dort.

Keine Karte lässt sich finden,
finden lässt sich keine Lehre,
und selbst das härteste Sich-Schinden
führt sicher nicht an jenen Port.

Blick' ich hier am fernen Ufer
in mein gespiegeltes Gesicht,
sagt es mir mit rauer Stimme:
Dein Land der Träume gibt es nicht!
Doch betrübt musst du nicht sein,

wertlos sind die Freuden ohne Leiden
und werden es auch bleiben.
Drum vergiss das werte Land.
Es grüßt dich bestens
dein Verstand.

[entnommen aus: Zwei absolute Equilibristen]

ARS MEDICINAE

Federn aus Blei
machen ihn flugunfähig.
Aufstehen wird zur Tortur,
wenn die Chemie nicht stimmt.

Hätte er das Elixier genommen,
er würde fliegen, nicht baumeln,
und tanzen statt taumeln.

Zwar gebunden
wie ein Drachen an die Schnur.
Doch Freiheit in Ketten kann retten
vor Gefangenschaft der Gedanken.

Wer sagt, Disziplin sei alles,
der weiß nichts vom tiefen Schmerz
falsch gelebter Ordnung.

Hätte er gewusst
vom Wirken dieses Stoffs,
er hätte ihn sofort genommen,
die Täler ausgelassen,
und das Plateau erklommen.

Nebenwirkung nebensächlich.

Die Leier des Simmias[6]

Da sitzt er nun,
der Blick starr auf sich selbst gerichtet,
nur der Assoziationsmaschine lauschend,
und trotzt der Welt.

Verweilend am Fuße des eigenen Körpers
spielt er auf ungestimmter Gedankenharfe
süße Klänge der Melancholie,
haut mit den Saiten seiner Leier
einen Fetzen ins Glas getrübter Vernunft.

Finger zittern, Gedanken zittern,
im Spiegel sieht er Menschenblut.
Jahre spielt er vor sich hin,
um am Ende jede Note zu verlieren.

Leise Klänge trösten ihn,
als er zum letzten Mal die Augen schließt.
Und Platon spielte auf der Ukulele
das alte Lied von Leib und Seele.

Auf die Toten

Drei Freunde aus alten Zeiten
treffen sich einmal im Jahr.
Auf die Jugend wird getrunken
und auf jedes graue Haar.

Jeder hat seine Sorgen,
aber im Grunde ist das Leben schön.
Sie denken nicht an morgen,
wenn sie ins Silbergold geh'n.[7]

Einer wird eines Tages
vom Fels erschlagen in der Wand.
Der Berg kennt kein Erbarmen,
wird man am Grabe sagen.

Zwei Freunde aus alten Zeiten
treffen sich einmal im Jahr.
Auf das Leben wird getrunken
und auf den Toten, klar.

Sie fragen sich heimlich,
wer der nächste wird sein.
Gesund sind sie beide,
aber das ist es ja nicht allein.
Prost Junge, ein Schnaps geht noch rein.

Prostata! ruft das Schicksal zum einen
und schon tumort es zwischen den Beinen.
Am Grabe wird man sagen:
Der Krebs kennt kein Erbarmen.

Ein Mann gedenkt seiner Freunde einmal im Jahr.
Auf das Leben wird getrunken
und auf die Toten, na klar.

EINSIEDLERKREBS

Von außen betrachtet
gleicht mein Zimmer einer Höhle,
in der ich stecke wie ein Tier.
Ein Raum, in dem Stoffe wechseln.
Lebensspuren, Haare und Haut in feinen Ritzen.

Sterbe ich, werden Dinge vernichtet,
die mir wichtig waren.
Die Spuren werden verwischt,
das Becken geleert.
Aber das Zimmer bleibt.

Ein anderer Mensch
wird es mit Kratzern versehen,
die Wände schmücken, die Luft wärmen –
bis auch er vergeht,
einer Muschel gleich,
deren Organe das Gehäuse füllen bis zuletzt.

Am Ende ist das Haus leer,
von allem Leben befreit.
Mögen es die Wellen zu Sand zerschlagen.

LIEBE UND LEIDEN

ALTE LIEBE ROSTET NICHT

Wenn sich meine Augen schließen,
sehe ich die deinen.

Gehe ich auf dich zu,
entrückst du mir.

Denke ich an deinen Körper,
krümmt sich der meine.

Mein Körper wirft deinen Schatten.
Mein Leid ist dein Trost.

Sehe ich hinunter, falle ich schon.

EIN SONETT
[aber mehr nicht]

Ihr Humor ist von der feinen Sorte,
sie lacht mit dir die ganze Nacht.
In Schweigen hüllt sie ihre Worte,
nur wenn sie hat an dich gedacht.

Sie liebt den Schein der klaren Maske,
tauscht deinen Blick in Blinzeln um.
In Farben einer fremden Kaste
verhandelt sie dein Gegenteil.

Fragen stellt sie mit den Händen
und schaut auf deinen Mund,
wenn du über Zeit erzählst.

Ihre Augen füllen sich mit Licht,
wenn deine Hände sie berühren.
Sie ist so nett, aber mehr nicht.

4. XII.

Heute ist dein Tag.
Ich schneide einen Zweig,
dir zu Ehren.

Den Krug fülle ich mit Wasser,
auf dass sich der Zweig mit Leben füllt.
Weiße Blüten wird er tragen
in stiller Dezembernacht.

So gedenke ich deiner,
schöne Potameide,
die du aus Wasser bist.[8]

Die Nikomedierin[9]
soll klug gewesen sein.
Du bist es auch,
gottlob ohne Heiligenschein.

Möge unser Höllentrip die Sinne weiten.

EINGEHAKT / AUSGEHAKT

Ich gieße Eisen
in die offene Wunde
und schaue auf das Bild von dir,
das immer noch dort hängt.

Die Karte ist nicht das Gebiet, heißt es,
und ein Foto nur ein Stück Papier,
doch auch Papier kann brennen.

Du hattest mich am Haken
und ließest mich zappeln,
und mein Haar schimmerte
wie goldene Schuppen.

Wir mochten uns.
Ich dich total,
du mich als Freund,
den guten.

Am Ende wurde ich zurück ins Wasser geworfen,
obwohl ich ein Wesen aus Feuer bin.

Personalien

ISCHARIOT[10]

Vorwissen.
Wissen, dass es geschehen wird,
unvermeidbar der Verrat.
Zwei Zungen, eine Tat.

Der Kelch.
Wissen, dass er vergossen wird.
Leere ihn in einem Zug.
Sei entschlossen, sei klug.

Der Kuss.
Wissen, dass ich ihn erwarte,
dass es getan werden muss.
Diese Nacht, diese Stunde.

Ischariot!
Die Zeit ist gekommen.
Vollende es, so ich zum Vollender werde,
vollende es, so du zum Judas wirst.

PETER HIGGS

Vor 48 Jahren schon
reimte sich Boson auf Sensation.
Doch Peter Higgs
lag an Lyrik nix.
So schrieb er einen Artikel
über die Partikel.
Denn in Mathe war er ein Genie.
Hinzu kam seine Fantasie.

Ein Teilchen, sie alle zu knechten, sollte es sein,
ein Teilchen und sein ureigenes Feld,
das dafür sorgt, dass Materie Masse erhält,
und das Standardmodell auf feste Füße stellt,
ein Teilchen für Faust, ein Plätzchen für Goethe,
ein Teilchen, mit dem alles steht und fällt.
[Ihr wisst, was jetzt kommen wird und muss.]
Ein Teilchen, das die Welt
im Innersten zusammenhält.

Das Higgs-Boson.
Nun wurde der Nachweis erbracht.
Und es wird Champagner trinken die ganze Nacht:
Sir Peter Ware Higgs.
Nomen est omen, hicks.

4. VII. 2012

Mann mit Pfeife

Günter Grass
Maler, Hauer, Schreiber, Träger.

Er schrieb stets unverblümt.
Viel Erde, wenig Blumen sozusagen,
und gerne auch mal derbe.
Ich mochte das.

Ein braver Dichter war er nie.
In kaum verheilte Wunden
tropfte er seine salzige Tinte.

Dem "daß" blieb er treu:
alte Schule, alte Schreibung.
Das Doppel-S, er verdrängte es.

Aber was soll's.
Weintrinker, die Wasser predigen,
gibt's an jeder Ecke.

Noch als greiser Mann
schuf er KontroVerse.
Kein Eisen war ihm heiß genug
in seinem Geltungsdrang.

"Nun ist die Pfeife kaputt."
hätte Marcel vielleicht gedacht.
Ich aber sage in Ehrfurcht:
Lang lebe der Butt!

RIP GG

13. IV. 2015

ANAKREONTISCHE ZUGABE[11]
[am besten berauscht genießen]

DichterFürst

Mit tiefer Überzeugung schreib' ich dies!
Fließet Worte, Tinte fließ!

Ein Dichter will ich sein,
nutzen mein volles Potential.
Ich will mein Innerstes nach außen kehren,
sein wie ein umgestülpter Futteral.

Ich will Elegien bei Mondlicht verfassen,
im Schein der Sterne Sonette schreiben.
Ja, ich will bei Dunkelheit mein Geld verprassen,
und es richtig deep mit Lotte treiben.

Ich will der Sonne entgegen reiten,
speisen und trinken wie ein Aristokrat.
Ich brauche nicht um Preise streiten,
denn meine Spesen zahlt der Staat!

Ich will über den Canal Grande schiffen
in einem goldbesetzten Kahn,
dabei das beste Dope wegkiffen.
Mein Name? Johann Wolfgang Größenwahn.

Talent?
Was ist das schon?
Als ob Kunst das Höchste sei.

Und doch.
Wir erliegen dem Sog.
Ein Dichterfürst schreibt bis zum Tod.
Gezogen vom schwarzen Loch
seines Ruhms.

Wie es im Anfang klang:
Fließet Worte, Tinte fließ!
Jetzt fehlt bloß der Abgesang, genannt auch Schluss.
Drei Worte: Speichern, Drucken, Tintenfluss.

KEINE HALBEN SACHEN

Halb war das Glas noch voll
und wie die Zeit sich dehnte.
Ich erzählte einen Witz,
und sie? Nun ja, sie gähnte.

Halb leer war schon das Glas,
die Zeit, sie schien zu rennen.
Da fragt sie mich ganz unverblümt:
Süßer, willst du bei mir pennen?

Der Schreck ließ mich das Glas ansetzen.
Sie sagte: Wir brauchen uns nicht hetzen.

Das Glas war leer.
– war leer – und dann?
Ein Dichter verliert schon mal den Faden.
Mhm, ach ja ... gemeinsam entschwebten
wir dem Laden – oder kroch ich hinterher?

Ihre Wohnung war seltsam dunkel.
Wir rissen die Leiber von den Klamotten,
an blieben nur die Socken.
Dann folgte das Gerumpel.
[Aber ich entsinne mich nur dunkel.]

Sieben Tage waren wir ein Pärchen.
[Man könnte sagen ne Woche.]
Dann ließ sie mich einfach sitzen
auf der Parkbank vor meinem Haus.
Sie sagte nur: Es ist aus,
und vorbei, vorbei war das Märchen.

Sie war schön wie der Tod,
wir liebten uns wirklich sehr.
Mir kommen gleich die Tränen,
es ist jetzt genau drei Tage her.

Seitdem habe ich viel gegrübelt,
geflucht, gebetet, geweint.
Doch wie man's auch dreht und wendet:
Das Glas bleibt von nun an gefüllt.

Erinnerungen an Lloret de Mar

Liebes Lloret de Mar,
ich war gerade erst siebzehn,
als ich dich das erste Mal sah.
Das Barthaar noch frisch,
der Wanst noch nicht fett,
durchtrainiert und hart wie ein Brett,
so kam ich zu dir
und bekam was ich wollte:
Sonnenbrand, Glücksspiel, Bier aus Dosen,
gepanschten Tequila, Lou Bega[12]
und zwanzig indische Rosen.

Das Hotel hatte ne Bar, nen Pool und sogar Betten,
gratis dazu gabs Flöhe unter den Decken.
Das Essen war super, nur schmeckte es nicht,
aber die Salmonellen warn ein Gedicht.
Wir hatten alles, was man zum Leben braucht,
zwischendurch noch schnell einen geraucht.
Gel in die Haare, Bier in den Hals,
die Buxe auf Halbmast, im Schritt noch Salz,
für nen Zombie ins Bali[13], danach ins Meer
gekotzt, gepisst und vieles mehr.
So lief es Tag für Tag und Nacht für Nacht –
nur mit den Frauen, mit denen liefs nicht,
entweder war ich zu schüchtern oder zu dicht.

Doch alles in allem, so insgesamt,
war der Urlaub schon interessant.
Hab viel vom Land und der Kultur gesehen,
hab viel gelernt und konnte verstehen –
warum der Mensch gern trunken ist.

DANKSAGUNG

Mein besonderer Dank gilt Renate von Gizycki, die mein poetisches Schaffen seit vielen Jahren begleitet und die mir bei der Zusammenstellung der Gedichte mit wertvollen Hinweisen zur Seite stand.

NACHHILFE

1. Garri Kasparow wurde 1996 als amtierender Schachweltmeister vom IBM-Computer Deep Blue geschlagen.
2. Ein luzider Traum ist ein Klartraum, in dem der Träumende sich seines Träumens bewusst ist.
3. lat. für Finger.
4. Ein Cyborg [von *cybernetic organism*] ist ein Mischwesen aus lebendigem Organismus und Maschine. In unserem Fall handelt es sich um einen Mensch-Maschine-Hybriden.
55. *Oculus Rift* ist eine VR-Brille, die von einer Facebook-Tochterfirma entwickelt wurde. VR steht für Virtual Reality.
6. Simmias von Theben, Schüler von Sokrates.
7. Nachtklub in Frankfurt am Main.
8. Potameiden sind in der griech. Mythologie Flussgöttinnen [ποτάμι | potami = Fluss].
9. Barbara von Nikomedien, christliche Heilige des 3. Jh. Ihr Gedenktag ist am 4. Dezember.
10. Beiname von Judas.
11. Anakreon, griechischer Dichter des 6. Jh. v. Chr. Seine Hauptthemen: Wein, Weib und Gesang.
12. One-Hit Wonder Lou Bega mit Mambo No. 5 [1999].
13. Bali Hai, Nachtklub in Lloret de Mar. Der Name bezieht sich auf eine fiktionale Insel im Musical *South Pacific* von 1949. Ein Zombie ist ein hochprozentiger Cocktail, der sehr süß und fruchtig ist.